CATALOGUE
DES LIVRES
QUI SE VENDENT

Chez CL. HERISSANT, Imprimeur-Libraire,

A PARIS,

Rue Notre-Dame, à la Croix d'or & aux trois Vertus.

De M. JEAN PONTAS, Prêtre & Docteur en Droit Canon de la Faculté de Paris, & Prieur de saint Sauveur de Panreux.

DICTIONNAIRE des Cas de Conscience, ou Décisions des plus considérables difficultés touchant la Morale & la Discipline Ecclésiastique, tirées de l'Ecriture, des Conciles, des Peres, des Décrétales des Papes, & des plus célébres Théologiens & Canonistes, *nouvelle Edition*, revue, corrigée & augmentée par l'Auteur ; qui outre plusieurs nouvelles décisions, y a ajoûté des discours préliminaires, contenant les définitions, les divisions, les principes, & les maximes qui conviennent à la matiére de chaque Titre ; avec une table générale des matiéres, & celle des Conciles, des Papes, des Auteurs cités, & des trois cens neuf Titres qui composent tout l'Ouvrage ; derniére Edition, *in-fol.* 3 *vol.* 1743.

Exhortations aux Malades en leur administrant le saint Viatique, tirées de l'Ecriture & des Peres, *in-*12.

Autres Exhortations aux Malades en leur administrant le saint Viatique, & l'Extrême-Onction, tirées des Evangiles des Dimanches, & des saints Peres de l'Eglise ; Ouvrage où les personnes de piété trouveront toutes sortes de sujets propres pour méditer les vérités chrétiennes, & pour se préparer à la sainte Communion, & à une bonne mort, *in-*12. 2 *vol.*

A

Exhortations pour le Baptême, les Fiançailles, le Ma-
riage, & la bénédiction du Lit nuptial, tirées de
l'Ecriture & des Peres ; où les personnes mariées, &
à marier, trouveront les instructions nécessaires
pour se conduire selon l'esprit de Dieu, *in-*12.
Entretiens spirituels pour instruire, consoler & exhorter
les Malades dans les différents états de leurs maladies ; tirés de l'Ecriture & des Peres, avec les Priéres
Latines-Françoises pour les Agonisans, *in-*12. **2** *vol.*

De M. D. C. *de l'Académie Françoise.*

Le Dictionnaire des Arts & des Sciences, *nouvelle
Edition*, revue, corrigée & augmentée par MM. de
l'Académie Françoise, & de l'Académie Royale des
Sciences, *2 vol. in-fol.*

De M. Du Bois, *de l'Académie Françoise.*

Les Lettres de Ciceron à ses Amis, traduites en François, le Latin à côté, suivant les Editions de Grævius ;
avec des avertissemens sur chaque Livre, des sommaires & des notes sur chaque Lettre, *in-*12. 4.*vol.*
Les Offices de Ciceron, traduits en François avec le
Latin à côté, sur l'Edition de Grævius ; avec des
notes, & des sommaires des Chapitres, *in-*12. 1 *vol.*
Les Livres de Ciceron, de la vieillesse, & de l'amitié,
avec les Paradoxes du même Auteur, traduits en
François sur l'édition Latine de Grævius ; avec des
notes, & des sommaires des Chapitres, *in-*12. 1 vol.

De M. Le Maitre de Sacy, *sous le nom du Sieur*
De Royaumond, *Prieur de Sombreval.*

L'Histoire du vieux & du nouveau Testament, avec des
Explications tirées des SS. PP. pour regler les mœurs
dans toutes sortes de conditions, *in-*4. avec figures.
━━━━ Le même, *in-*12. sans figures.

De M. J. ***

Fastes François, Caractéres des Rois de France,
*vol. in-*12.

De M. Baillet.

Les Vies des Saints, composées sur ce qui nous est
resté de plus authentique & de plus assuré dans leurs
Histoires, disposées selon l'ordre des Calendriers
& des Martyrologes, avec l'Histoire de leur culte,
selon qu'il est établi dans l'Eglise Catholique, &
l'Histoire des autres Fêtes de l'année. *Nouvelle
Edition, in-*4. 10 *vol.*

Du P. NOUET, Jesuite.

La Dévotion envers notre Seigneur Jesus-Chrift, fouverainement bon, fouverainement grand, fouverainement faint, pour fervir de lecture fpirituelle à l'homme d'Oraifon pendant tout le cours de l'année, *in-4. 3 vol.*

L'HOMME D'ORAISON.

Ses Méditations & Entretiens, pour tous les jours de l'année, *in-12. 9 vol.*

———— L'Avent, *Tom. I.*

———— La Septuagéfime, *Tome II.*

———— Pâque, *Tome III.*

———— La vie myftique dans le très-faint Sacrement, *Tome IV.*

———— La Pentecôte jufquà l'Avent; Vie de JESUS converfant avec les hommes, *Tome V. & VI.*

Continuation de la Vie de JESUS, & Retraite pour fe préparer à la mort, prife des derniéres paroles & actions de Jefus-Chrift, depuis fon retour de la Judée jufqu'à fa Paffion, *Tome VII.*

———— Vie de JESUS dans les Saints, felon l'ordre & le rang que l'Eglife leur donne dans le Calendrier Romain, *Tome VIII. & IX.*

L'HOMME D'ORAISON.

Ses Retraites, *in-12. 5 vol.*

———— Sa conduite dans les voies de Dieu, contenant toute l'économie de la Méditation, de l'Oraifon affective, & de la Contemplation, *Tome I. & II.*

———— Retraites annuelles, contenant la premiére retraite pour tous ceux qui veulent régler leur vie, & penfer férieufement à leur falut, prifes du Livre des éxercices de faint Ignace, *Tome III.*

———— Sa feconde Retraite pour acquerir la conformité avec la volonté de Dieu. Sa troifiéme Retraite pour acquerir la patience, & le fublime efprit de la Croix. Exercitia fpiritualia fancti Ignatii. *Tome IV.*

———— Sa quatriéme Retraite pour acquerir l'efprit de Jefus-Chrift. Sa cinquiéme Retraite pour acquerir la paix du cœur, par le réglement des paffions. Sa fixiéme Retraite pour fe renouveller dans l'eftime de la perfection, & dans la grace de la vocation Religieufe. Sa feptiéme Retraite, le pur amour de Dieu, de J.C. fon Fils unique, avec la volonté de Dieu. *Tome V.*

Méditations & Entretiens sur le bon usage des Indulgences, & sur les préparations nécessaires pour gagner le Jubilé, *in-12.*

Les volumes in-12. se vendent séparément.

De la Dévotion vers l'Ange Gardien, Traité très-utile pour toutes les ames Chrétiennes qui aspirent à la perfection & à l'union avec Dieu, *in-18.*

❊

Les Conseils de la Sagesse, ou Recueil des maximes de Salomon les plus nécessaires à l'homme pour se conduire sagement, *in-12. 2. vol. & en un volume.*

Du Pere REGNAULT, *Jesuite.*

L'Origine ancienne de la Physique nouvelle, *3. v. in-12.*

Les Entretiens Physiques d'Ariste & d'Eudoxe, ou Physique nouvelle en dialogues, enrichis de beaucoup de figures, *in-12. 4. vol. On donnera la suite.*

Oeuvres du Sieur BAREME.

Le Livre des Comptes-faits, ou Tarif géneral de toutes les Monnoies tant anciennes que nouvelles, augmenté du Tarif des Glaces, *vol. in-12.*

Le Livre nécessaire, ou Tarif géneral des Glaces, des Escomptes, des Changes, & des Divisions toutes faites, *vol. in-12.*

Le Livre facile pour apprendre l'Arithmétique sans Maître, augmenté dans cette derniére édition du Traité d'Arithmétique nécessaire à l'arpentage & au toisé, & de la méthode de mesurer toute sorte de terrein tel qu'il puisse être, *vol. in-12.*

Le Livre du grand Commerce, où l'on trouve les Tarifs géneraux pour la réduction des Monnoies de France en Monnoies de Hollande & d'Angleterre ; & des Monnoies de Hollande & d'Angleterre en Monnoies de France : les Tarifs géneraux pour la réduction des Monnoies de France en Monnoies d'Espagne, & des Monnoies d'Espagne en Monnoies de France. L'on peut apprendre dans cet Ouvrage à faire une remise, une traite, un roulement, une négociation & un arbitrage, *in-8. 2 volumes.*

Le Traité des Parties-doubles, ou méthode aisée pour apprendre à tenir en parties-doubles les Livres du Commerce & des Finances, *in-8. grand papier, seconde Edition.*

Agenda & Calendrier, avec les Tarifs des Monnoies courantes, préfenté aux Gens d'Affaires & aux Négocians, *in-24.*

De Madame * * *

Sentimens d'une Ame pénitente fur le Pfeaume *Miferere meî*, *Deus.* & le Retour d'une ame à Dieu, fur le Pfeaume *Benedic, anima mea.* avec l'Ordinaire de la Meffe, & des Réflexions Chrét. *in-18. avec fig.*

De M. PELISSON, *de l'Académie Françoife.*

Courtes Priéres durant la fainte Meffe, & l'Ordinaire de la Meffe en Latin & en François, *in-18. avec figures.*

—————— Les mêmes avec les Priéres du matin & du foir, les fept Pfeaumes & les Vêpres, *gros caractére.*

Du P. G. ALLEAUME, *de la Compagnie de Jéfus.*

Les Souffrances de notre Seigneur Jefus-Chrift, Ouvrage écrit en Portugais par le P. THOMAS DE JESUS, de l'Ordre des Hermites de S. Auguftin *in-12. 2 vol.*

Du P. CHEMINAIS *de la Compagnie de Jefus.*

Sermons *in-12. 5 vol.* Les 4. & 5e vol. fe vendent feparément.

Sentimens de Piété *in-18.*

Du P. LALLEMANT, *Prieur de Sainte Geneviéve, & Chancelier de l'Univerfité de Paris.*

Teftament Spirituel, ou Priére à Dieu pour fe difpofer à bien mourir, *in 12.*

Les faints Defirs de la mort : ou, Recueil de quelques penfées des Peres de l'Eglife, pour montrer comment les Chrétiens doivent méprifer la vie & fouhaitèr la mort, *in-12.*

La Mort des Juftes, ou Recueil des derniéres actions & des derniéres paroles de quelques perfonnes illuftres en fainteté, de l'ancienne & nouvelle Loi, pour fervir de modéle à ceux qui veulent apprendre à bien mourir, *in-12.*

Du P. CRASSET, *de la Compagnie de Jefus.*

Confidérations chrétiennes pour tous les jours de l'année, avec les Evang. de tous les Dimanches, *in-12. 4 vol.*

Méthode d'Oraifon avec une nouvelle forme de méditations, *in-12.*

Entretiens de Dévotion fur le faint-Sacrement de l'Autel, *in-12.*

Le Chrétien en folitude, *in-12.*

La Dévotion du Calvaire, *in-12. avec figures.*

A iij

La Manne du Defert, pour les perſonnes qui ſont en retraite, *in*-12.

Entretiens doux & affectueux pour tous les jours de l'Avent, ſur l'Incarnation & la naiſſance du Fils de Dieu, avec des Cantiques, *in*-12.

Conſidérations ſur les principales actions du Chrétien, *in*-12.

La douce & ſainte Mort, *in*-12.

La véritable Dévotion envers la ſainte Vierge, établie & défendue, *in*-8.

De l'Inſtruction de la Jeuneſſe, Diſcours prêché aux Urſelines de Sainte-Avoye le jour de ſainte Anne, *in*-12.

De M. TIBERGE.

Retraite Chrétienne ſur les vérités du Salut, *in*-12.

Retraite Eccléſiaſtique, dédiée à Monſeigneur le Cardinal de Noailles, *in*-12. 2 *vol.*

Retraite Religieuſe, *in*-12. 1 *vol.*

Priéres pendant la ſainte Meſſe, & une Inſtruction pour approcher dignement des Sacremens, augmentée d'une Méthode pour faire l'Oraiſon mentale, & des Réflexions ſaintes pour tous les jours du mois, *in*-18.

Du R. P. EDME CALABRE, *Prêtre de l'Oratoire.*

Homélie, ou Paraphraſe du Pſeaume 50. *Miſerere meî, Deus.* en forme d'inſtruction, avec une pratique de piété pour adorer Jeſus-Chriſt expirant, *in*-18.

Du R. P. GIRI, *Minime.*

Les Vies des Saints dont on fait l'Office dans le cours de l'année, avec des diſcours ſur les myſtéres de notre Seigneur & de la ſainte Vierge. Le Martyrologe Romain traduit en François à la tête de chaque jour, & un Martyrologe des Saints de France, dont le Romain ne fait pas mention. *Nouvelle édition*, revue & corrigée par l'Auteur, *in-fol.* 2 *vol.*

————— Les mêmes Vies des Saints dont on fait l'Office dans le cours de l'année, & de pluſieurs autres dont la mémoire eſt plus célébre parmi les Fidéles, avec dés diſcours ſur les myſtéres de notre Seigneur & de la ſainte Vierge, que l'Egliſe ſolemniſe. Le Martyrologe Romain traduit en François, & mis à la tête de chaque jour, & un Martyrologe des Saints de France, qui ne ſont pas dans le Romain, tiré des Bréviaires & Calendriers des Egliſes particuliéres. *Nouvelle & derniére édition*, revue & corrigée par l'Au-

teur avant fa mort, & depuis encore recherchée &
augmentée de plufieurs autres Saints nouvellement
canonifés, ou béatifiés, ou décedés en odeur de
fainteté, *in-fol.* 3 *vol.*

Autore GABRIELE MUSSON, *Doctore Theologo
è Regia Societate.*

Lectionés Theologicæ de Religione, *in-12.* 3 *vol.*
Lectiones Theologicæ de Sacramentis, *in-12.* 4 *vol.*

Du R. P. MERLIN, *Jefuite.*

Traité hiftorique & dogmatique fur les paroles ou les
formes des fept Sacremens de l'Eglife, *in-12.*

Du R. P. DANIEL *Capucin, ancien Lecteur
en Théologie, & Miffionnaire.*

Conférences Théologiques & Morales par demandes &
par réponfes fur les Commandemens du Décalogue,
les Commandemens de l'Eglife, & fur les Sacremens,
avec des réfolutions de Cas de Confcience fur chaque
matiére, à l'ufage des Miffionnaires & de ceux qui
s'emploient à la conduite des ames, *in-12.* 6 *vol.*
Conférences fur l'Oraifon Dominicale, *in-12.* 1 *vol.*

Du R. P. BERNARD D'ARRAS, *Capucin.*

Code des Paroiffes, ou Recueil des plus importantes
queftions fur les Curés & leurs Paroiffens, réfolues
par l'Ecriture, les Conciles & les Peres ; précedées de
plufieurs Differtations contre le Livre intitulé, *Les
Pouvoirs légitimes du premier & fecond Ordre, dans
l'adminiftration des Sacremens, & le gouvernement
de l'Eglife,* en France, 1744. *In-12.* 2 *vol.*

De M. ANTOINE GODEAU, *Evêque de Vence.*

Méditations fur le très-faint Sacrément de l'Autel, pour
fervir à toutes les heures du jour & de la nuit aux
adorateurs perpétuels de ce Myftére, *in-12.*

De M. DEBONNAIRE, *Prêtre.*

L'Imitation de Jefus-Chrift nouvellement traduite,
avec des Réflexions & des Priéres, pour en recueillir
l'inftruction, & pour en demander l'efprit ; dédiée à
S. A. R. Madame la Ducheffe D'ORLEANS. *Nouv. édition,* revue & enrichie de l'Ordinaire de la Meffe,
avec l'explication des différentes parties dont il eft
compofé, & ornée de figures en Taille-douce, *in-12.*
—————— La même, *in-12.* fans Réflexions.
—————— La même, *in-18.* avec des Réflex. & Priéres.
—————— La même, *in-24.* avec des Priéres.

A iv

De M. GIRARD, *Conseiller du Roi en ses Conseils.*

Les Oeuvres composées en Espagnol, *par le R. P. Louis de Grenade, de l'Ordre de S. Dominique*, traduites en François, *in-fol.*

Le Guide des Pécheurs composé en Espagnol, *par le R. P. Louis de Grenade de l'Ordre de S. Dominique*, traduit de nouveau en François, *in-8.*

Traité de l'Oraison & de la Méditation, *in-8. 2 vol.*

De M. F***

Oeuvres spirituelles de Dom Jean de Palafox, Evêque d'Osma ; sçavoir, ses Réponses aux Demandes d'une personne de piété, & le Pasteur de la Nuit de Noël, traduites de l'Espagnol en François, *in-18. avec fig.*

De M. COLLIN, *Vicaire perpétuel de saint Martin des Champs dans l'Eglise de Paris.*

Vie de la Vénérable servante de Dieu Marie LUMAGUE, veuve de M. Pollalion Gentil-homme ordinaire du Roi, Institutrice des Filles de la Providence, sous la conduite de S. Vincent de Paul, morte en odeur de sainteté en 1657. avec les piéces justificatives. *in-12.*

Journée sainte, nouvelle Edition, augmentée d'une priére pour renouveller les promesses du Baptême, d'une amende honorable au S. Sacrement, &c. *in-12.*

De Messieurs de P. R.

Vies des Saints pour tous les jours de l'année avec des réflexions sur la vie de chaque Saint, & un Martyrologe, *in-8. 4 vol.*

Vies des Saints de l'ancien Testament, contenant les Patriarches, les Prophétes, les Rois, les Juges, les Machabées, les Saintes, &c. *in-8. 4 vol.*

Du P. L*** *Prêtre de l'Oratoire.*

Sermons sur les plus importantes matiéres de la Morale Chrétienne, à l'usage des Missions & de ceux qui travaillent dans les Paroisses, *in-12. 8 vol. nouv. Edit.*

———— En forme de Prônes sur les Epîtres de toute l'année, à l'usage des Missions, *in-12. 3 vol.*

De M. TREUVE'.

Discours de piété, où l'on trouve l'explication des Mystéres que l'Eglise honore depuis l'Ascension jusqu'au dernier jour de l'Octave du S. Sacrement, pour servir de Lecture spirituelle aux personnes qui ne peuvent entendre les Instructions publiques, *in-12.*

Priéres tirées de l'Ecriture sainte, pour le matin & le soir, & pendant la Messe, avec une explication du Sacrifice & des cérémonies de la Messe, &c. & la maniére de dire chrétiennement la Priére appellée ANGELUS. *in-*18.

Du P. Q*** *Prêtre de l'Oratoire.*

JESUS-CHRIST pénitent, ou Exercice de piété pour le temps du Carême, & pour une retraite de dix jours, avec des réflexions sur les sept Pseaumes de la Pénitence, & la JOURNE'E CHRE'TIENNE, *in-*12.

Regrets d'une ame touchée d'avoir abusé long-temps de la sainteté du *Pater. in-*24.

Exercice du Pénitent avec des régles & des maximes sur la Pénitence, &c. Une Journée Chrétienne; des Réflexions & des pratiques de pénitence pour chaque jour du mois, *in-*18.

Du P. AMELOTE, *Prêtre de l'Oratoire.*

Nouveau Testament avec des notes, *in-*4. 2 *vol.*
———— Le même, *in-*12. *in-*18. & *in-*24.

De M. H***

Traité de la Priére continuelle, *in-*12.
Différents Traités de Pénitence, &c. *in-*12.

De M. GOBINET.

Instruction de la Jeunesse en la piété Chrétienne, tirée de l'Ecriture sainte & des saints Peres, *in-*12.
Addition à l'Instruction de la Jeunesse, *in-*12.
Instruction sur la Pénitence, & sur la sainte Communion, *in-*12.
Instruction sur la vérité du saint Sacrement, *in-*12.
Instruction sur la Religion, *in-*12.
Instruction sur la maniére de bien étudier, *in-*12.

De feu M. BRUNET, *Abbé de saint Crépin-le-Grand. de Soissons, & Docteur de Sorbonne.*

Pratique du Sacrement de Pénitence, avec les *Responsa moralia, in-*18.

Maximes Ecclésiastiques, & Avis pour la conduite de ceux qui travaillent au salut des ames, avec les *Selecta è Conciliis, SS. Patribus, piisque Auctoribus Sententiæ, de vitâ & moribus Clericorum,* in-18.

Sentimens de piété pour animer les actions du Chrétien pendant la journée, *in-18.*

Motifs & Pratiques des principales vertus Chrétiennes, avec des considérations affectueuses sur la Mort & Passion de notre Seigneur Jesus-Christ, *in-18.*

Abbregé des devoirs du Chrétien, en forme de Catéchisme, contenant les principaux points de la Doctrine & de la Morale Chrétienne, *petit in-12.*

Pensées Chrétiennes sur la Passion de notre Seigneur Jesus-Christ, *in-24.*

Table pour faciliter l'examen de conscience, *brochure in-32.*

De M. *l'Abbé de* BELLEGARDE.

L'Esprit de l'Eglise dans l'usage des Pseaumes, en forme de Priéres ou d'Exhortations, *in-12. 2 vol.*

Œuvres de S. FRANÇOIS DE SALES, *Evêque & Prince de Genéve.*

Introduction à la Vie dévote, de S. François de Sales, Evêque & Prince de Genéve, Instituteur de l'Ordre de la Visitation Sainte-Marie. *Nouvelle édition,* revue, corrigée & mise en meilleur François, *in-12. & in-18.*

La véritable Conduite de S. François de Sales, pour la Confession & Communion, &c. *Nouvelle Edition,* augmentée des sept Pseaumes, Vêpres du Dimanche, & des Hymnes des Fêtes de l'année, *in-18.*

Les Entretiens spirituels du bienheureux François de Sales, Evêque & Prince de Genéve, *in-18.*

Les Epîtres de S. François de Sales, *in-12. 2 vol.*

Vie symbolique *du même, in-12.*

Controverses *du même, in-12.*

L'Etendart de la Croix *du même, in-24.*

Les Lettres avec la vie de Madame de Chantal, *in-12.*

Le Directeur spirituel des Ames dévotes, *in-24.*

La vraie & solide Piété expliquée par S. François de Sales, Evêque & Prince de Genéve, recueillie de ses Epîtres & Entretiens, *in-8. & in-12.*

Traité de l'amour de Dieu, *in-12.*

Nouvelle Méthode pour la Confession & la Communion, *in-18.*

De M. P***

Epîtres & Evangiles avec des Explications par Demandes & par Réponses, & des Priéres à la fin de
chaque Epître & de chaque Evangile, pour tous
les Dimanches & Fêtes de l'année, les Féries du
Carême & des Quatre-Temps, 3 *vol. in-*12.

De M. DELAMARE, *Docteur en Théologie, Grand
Pénitencier, & Chanoine de l'Eglise de Paris.*

Epîtres & Evangiles de tous les Dimanches & de toutes
les Fêtes de l'année, de l'Avent, du Carême, & des
autres grandes Féries, avec de courtes Réflexions,
*in-*12. & *in-*18.

————— Les mêmes avec les Heures Canoniales, & les
Vêpres qui se chantent à l'Eglise pendant le cours
de l'année, *en Latin & en François, in-*18.

————— Les mêmes sans Réflexions, *in-*18.

————— Les mêmes pour les Fêtes non chomées, avec
des Réflexions, & un abbregé des Myftéres, & des
Vies des Saints dont on fait la Fête pendant le cours
de l'année, *vol. in-*12.

Epîtres & Evangiles avec de courtes Réflexions, des
Explications sur tous les Myftéres, un Abbregé de
la Vie de chaque Saint ; l'Ordinaire de la Messe, les
Priéres pour la Confession & la Communion, & les
Messes de tous les Dimanches, Fêtes & Féries de l'année, en forme d'ANNE'E CHRE'TIENNE,
*in-*12. 3 *vol.*

Explication du Pseaume 118.tirée de S. Auguftin, *in-*12.

Exhortation à la Pénitence, & conduite pour la Confeffion & pour la sainte Communion, *in-*18.

Traité pour la premiére Communion des Enfans, *in-*18.

Vies des Saints pour tous les jours de l'année, avec
des Inftructions sur les myftéres de notre Seigneur,
à l'usage des familles chrétiennes, *in-*12.

De M. l'Abbé LOREILLE.

Pieuses affections envers la miséricorde de Dieu, pour
servir de préparation à la Confession & à la Communion, tirées de l'Ecriture sainte & des SS. Peres, *in-*12.

De M. BOUCHEUL, *Avocat.*

Coûtume du Poitou, *in-fol.* 2 *vol.*

Conventions de succeder, *in-*4.

Traité de l'Ortographe Françoise, en forme de Dictionnaire, *in-*8. Nouvelle édition augmentée.

A v

Compendiosæ Institutiones Theologicæ ad usum Seminarii Pictaviensis, *in-12.* *5 vol.* & *en* *4 vol.*

Invocation & Imitation des Saints, pour chaque jour de l'Année, qui contient un extrait de leurs Vies, des Priéres, des Réflexions & des Maximes tirées de l'Ecriture sainte, *in-12.*

Du R. P. LALLEMANT, *de la Compagnie de Jesus.*
Entretiens de l'Ame dévote sur les principales maximes de la vie intérieure, traduits de deux Opuscules de Thomas à Kempis, *in-12.*

De M. C***
Paraphrases sur le *Pater.* 1. Pour servir de préparation à la Communion: 2. Pour méditer au pied du Crucifix : 3. Pour les Agonisans, avec des Pratiques pour la visite & la consolation des malades ; les Priéres de l'Eglise dans l'administration du Sacrement de l'Extrême-Onction, & les Priéres pour les Agonisans, *in-18.*

De M. *l'Abbé* P***
Histoire de la Vie de notre Seigneur Jesus-Christ, selon les quatre Evangelistes, avec de courtes Notes pour en faciliter l'intelligence, *in-18.*

Chemin assuré du Paradis, qui consiste dans l'intelligence & la pratique de ces paroles de Jesus-Christ : *Si quelqu'un veut venir après moi, qu'il renonce à foi-même, qu'il porte sa croix, & qu'il me suive,* in-12,

Sacro-sancti & œcumenici Concilii Tridentini Canones & Decreta, *in-24.* Parisiis.

Catechismus Concilii Tridentini, *in-24.* Parisiis.

Explication de la Régle de S. Benoît, adressée à un Monastére où l'on suit la mitigation ; en quoi elle consiste, & à quoi la Régle oblige, *in-12.*

Par M. CHALOSSE.
L'Arithmétique par les Fractions, contenant des instructions pour mettre en pratique par des questions interessantes les régles générales de cette Science, soit pour négocier en France, soit pour négocier dans les Pays étrangers, tant en Changes qu'en Marchandises, & qui enseigne à résoudre les problêmes les plus curieux & les plus difficiles sans le secours de l'Algebre, *vol.* *in-18.*

Par M. TONDU DE NANGIS, *Notaire Royal au Bailliage & Comté de Beaumont sur Oise . &c.*

Dissertation démonstrative de la Quadrature absolue Cercle, avec figures, divisée en trois Parties, *in-12.*

Par un Bénédictin de la Congrégation de S. Vanne.

Le Libertinage combatu par le témoignage des Auteurs profanes, dédié à S. A. S. Monseigneur le Prince de CONDE', *in-12. 4 vol.*

L'Office de la Semaine sainte, Latin-François, selon l'usage de Rome, & les nouveaux Breviaire & Missel de Paris, *dédié à la Reine, in-12. gros caractére.*

———— Le même, a l'usage de Rome, Latin-François, *gros caractére, in-12.* avec les Ténébres sans renvoi.

———— Le même à l'usage de Rome, Lat. Fr. *in-18.*

———— Le même, à l'usage de Rome, en Latin, *in-24.*

De M. DE MAROLLES, *Abbé de Villeloin.*

Office de la Semaine sainte selon le Missel & le Bréviaire Romain, avec la concordance du Missel & du Bréviaire de Paris, ensemble l'explication des Mystéres sacrés, *in-8.*

Du R. P. MAUPIN, *Bénédictin.*

Heures Latines & Françoises à l'usage de ceux qui assistent au Service de l'Eglise, avec des Priéres & des Réflexions morales sur les Evangiles des Dimanches & des Fêtes de l'année, tirées de l'Ecriture sainte & des saints Peres, &c. *in-18.*

De feu M. C. COTTON, *Prêtre, Licencié en Théologie de la Faculté de Paris.*

Devoirs & Exercices ordinaires du Chrétien, contenus dans des Instructions sur les principales Vérités de la Religion, des Priéres tirées de l'Ecriture sainte, & des saints Peres; l'Office de la sainte Vierge sans renvoi; l'Office des Dimanches & des Fêtes, & celui des Morts, avec une Paraphrase des Pseaumes de la Pénitence : le tout Latin-François, *in-12.*

———— Les mêmes en Latin, *in-32.* très-amples.

De M. LE TOURNEUX.

Office de la sainte Vierge, Latin-François, avec des Instructions pour passer chrétiennement la journée, & pour faire saintement toutes ses actions pendant le cours de l'année, dédié à Madame la Dauphine; *nouvelle Edition, in-8.*

———— Le même, *in-12.* sans renvoi.

———— Le même, *in-18.*

Histoire de la Vie de notre Seigneur Jesus - Christ ; nouvelle édition, *in-12.* & *in-18.*

Office de la Fête & de l'Octave de Noël jusqu'à l'Epiphanie, selon l'usage de Rome & celui de Paris, *en Latin & en François*, avec l'explication des Mystéres que l'Eglise célebre le jour de Noël, & des Réflexions sur ce Mystére, *in-12.*

———— Le même, en Latin, *petit in-12.*

Priéres & Aspirations pour élever son esprit à Dieu, pour le temps de l'Avent, avec des Réflexions sur les grandes Antiennes de ce temps, appellées O. de Noël, *petit in-12.*

Office de la Semaine sainte & de l'Octave de Pâque, à l'usage de Rome, *Latin-François*, avec l'explication des cérémonies de l'Eglise, & quelques Priéres tirées de l'Ecriture sainte pour la Confession & Communion, & sur les Mystéres que l'on célebre durant ce saint temps; dédié à Madame la Chanceliére, *in-8.*

———— Les mêmes, *in-12.* 1740.

L'Office du S. Sacrement pour le jour de la Fête & toute l'Octave, avec trois cens douze nouvelles Leçons, tirées des saints Peres & Auteurs Ecclésiastiques des douze premiers siécles, dans lesquelles on voit la tradition perpétuelle de l'Eglise sur le sujet de l'Eucharistie, à l'usage de Rome, & selon le Bréviaire de Paris, *in-12. premier volume.*

Tradition de l'Eglise touchant l'Eucharistie, divisée en cinquante-deux Offices, *Tome second.*

Les Offices de la Toussaints, des Morts, & de saint Marcel, à l'usage de Rome & de Paris, *Latin-François*, 1 *vol. in-12.*

Heures de notre Dame du Mont Carmel, en Latin & en François, *vol. in-12.*

———— Les mêmes, Latin-François, *in-18.*

Nouveau Livre d'Eglise à l'usage de Rome, pour la commodité universelle des Laics, contenant les Offices & les Messes de tous les Dimanches & de toutes les Fêtes de l'année, &c. *in-12.*

———— Le même en deux petits volumes *in-24. nouvelle édition.*

Heures Nouvelles, dédiées à la Reine, contenant des Priéres & des Instructions sur toutes les actions de la journée, & sur les Sacremens ; des Méditations sur les Dimanches & les Fêtes de l'année, & pour chaque jour du mois ; l'Abbregé des devoirs des Chrétiens, dans chaque état ; avec l'Office de l'Eglise selon l'usage de Rome, *un vol. in-12.*

Du . AMABLE BONNEFONS, *de la Compagnie de Jesus.*

Le Petit Livre de vie qui apprend à bien vivre & à bien prier Dieu , contenant plusieurs Offices, Litanies, Indulgences, Exercices & Dévotion ; les sacrées paroles de J. C. de ses Saints, & de Gerson : & le moyen de bien profiter des maladies ou autres petites peines, avec des méditations pour tous les jours de la Semaine. *Nouvelle Edition*, corrigée & augmentée de la Dévotion des Elus, *in-12. in-18. in-32.*

Livre imprimé à l'usage de Messeigneurs les Commandeurs de l'Ordre du S. Esprit, *in-32.*

L'Office Divin , à l'usage de Rome, pour les Dimanches & Fêtes de l'année, en faveur de ceux qui fréquentent leurs Paroisses , 1 *vol. in-12.*
——— Le même, *gros caractére in-12. 2 vol.* Hiver & Esté.

LIVRES IMPRIME'S

par ordre de feu Monseigneur le CARDINAL DE NOAILLES, *Archevêque de Paris.*

HEures imprimées par ordre de feu Monseigneur le Cardinal de Noailles , à l'usage de son Diocése , *in-8.*
——— Les mêmes, *in-8. gros caractére.*
——— Les mêmes , *in-12. grand papier* , avec l'Usage de Rome.
——— Les mêmes , *in-12. petit papier.*

Les mêmes Heures de Noailles, avec l'Office suivant le nouveau Bréviaire de Paris, *in-12*.

——— Les mêmes, *in-12. petit papier.*

——— Les mêmes, *in-12. in-18. grand & petit papier, & in-32. tant en gros que petits caractéres.*

Conduite pour la Confession & la Communion, *in-18.*

——— La même, *in-32.*

Offices tirés de l'Ecriture Sainte pour tous les jours du mois, avec les Priéres du matin & du soir, *in 8. 4 vol.*

L'Office de la Pénitence pour tous les jours de la Semaine, *in-12.*

Recueil de Mandemens, *in-4.*

ANCIENS USAGES DE PARIS.

Missel Latin-François, *in-12. 4 vol.*

——— Le même, *in-12. 4 vol.* Leonard.

Office Divin, Latin-François. *in-12.* l'après-midi.

Priéres & Instructions tirées des Heures de Noailles, *in-12. grand papier.*

Breviarium Parisiense, *in-8. 2 vol.*

Diurnale Parisiense, *in-18. 2 vol.*

Missale Parisiense, *in-18. 2 vol.*

Eucologe, *in-12. 2 vol. & en un volume.*

——— Le même, *in-18. 2 vol.*

LIVRES

à l'usage des Dames de la VISITATION.

L'Office de la Vierge Marie, suivant la réformation du S. Concile de Trente, disposé à l'usage de la Visitation Sainte-Marie, *rouge & noir, in-8.*

——— Le même, *in-8. tout noir.*

——— Le même, Latin-François, *in-12.*

——— Le même, Latin-François, *in-18.*

——— Le même, Latin. *in-32.*

Vive-Jesus, Régle de S. Augustin, Constitutions & Directoires pour les Sœurs Religieuses de la Visitation, *in-24.*

LIVRES IMPRIMÉS

*Par ordre de Monseigneur L'ARCHEVESQUE
DE PARIS, à l'usage de son Diocèse.*

LIVRES DE CHOEUR.

BReviarium Parisiense, *in-4. 4 vol.*
———— Idem, *in-8. 4 vol.*
———— Idem, *in-12. 4 vol.*
Diurnale Parisiense, *in-18. 2 vol.*
Antiphonarium Parisiense, *in-fol. 3 vol.*
———— Idem, *in-fol. 1 vol. pour les Eglises de la*
Campagne.
Psalterium Parisiense, *in-fol. 1 vol.*
Graduale Parisiense, *in-fol. 4 vol.*
———— Idem, *in-fol. 1 vol. pour les Eglises de la*
Campagne.
Missale Parisiense, *in-fol. rouge & noir.*
———— Idem, *in-fol. tout noir.*
———— Idem, *in-12. 4 vol.*
Processionale Parisiense, *in-8. noté.*
Le Processional abbregé de Paris pour les jours de saint
Marc, des Rogations, & du S. Sacrement, *in-8. noté.*
Processions pour les jours de saint Marc, des Roga-
tions & du S. Sacrement, Latin-François, *in-12.*
Officium Defunctorum, cum ordine Exequiarum,
in-8. noté.
Lamentationes Jeremiæ, *in-8. noté.*
Cæremoniale Parisiense, *in-8.*
Cas réservés, *in-12.*

Breve Parisiense, *in-12.*
Bref de Paris, *in 12.*

LIVRES D'USAGES.

Pseautier distribué pour tous les jours de la semaine,
petit in-12. Latin, gros caractère.
———— Le même, Latin-François, *in-12.*
———— Le même, *in-18. Latin-Franç. gros caractère.*
———— Le même, *in-18. Latin-Franç. petit caractère.*
Pseautier Latin-François, contenant l'Office de tous
les Dimanches & Fêtes de l'année, avec les Matines
& Laudes des principales Solemnités, *in-12. 2 vol.*
———— Le même, *in-24. tout Latin.*

Pseautier distribué pour tous les jours de la semaine, en
François, *in-12.*

Pseautier Latin, contenant les Hymnes des Dimanches
& Fêtes, *à l'usage des Ecoles, in-18.*

Antiphonaire Parisien noté, à l'usage des Laïcs &
autres personnes, *in-12. 6 vol.*

Graduel Parisien noté, à l'usage des Laïcs, &c. *in-12.*
2. volumes.

Missel Parisien en Latin & en François, avec Prime,
Tierce, Sexte de tous les jours, *in-12. 8 vol.*

Livre d'Eglise, Latin-François, contenant None, Vêpres, Complies, pour tous les jours de l'année,
2 vol. in-12.

Les Matines, Laudes & Prime, pour toutes les Fêtes
Annuelles, Grands & Petits-Solemnels, *in-12.*
Latin-François.

Matines & Laudes de tous les jours, Latin-François,
8 vol. in-12.

Office de la Quinzaine de Pâque à l'usage de Rome
& de Paris, Latin-François, *in-8.*

———— Le même, *in-12.* Latin-François.

———— Le même, *in-24.* Latin.

Livre d'Eglise, Latin-François, contenant l'Office
de l'Après-midi, pour les Dimanches & Fêtes de
l'année, *in-12. grand & petit papier.*

———— Le même, tout Latin, *in-18. de gros caractère.*

Livre d'Eglise pour l'Office du Matin, *in-12.*
2 vol. Latin-François, *gros caractère.*

———— Le même, *in-12.* Latin-Franç. *petit papier.*

———— Le même, *in-24.* Latin.

Eucologe, *in-12.* Latin, *2 vol.*

———— Le même, *in-12.* Latin-François, *1 vol.*

———— Le même, *in-18.*

———— Le même, *in-24.* à l'usage de ceux qui assistent à leurs Paroisses.

L'Office de l'Eglise, *in-8. 7 vol.* noté. *Les volumes se*
vendent séparément.

Heures Latines & Françoises, contenant des Prières,
Exercices & Offices pour les Dimanches & les Fêtes
de l'année, *in-8.*

———— Les mêmes, *in-12. grand papier.*

———— Les mêmes, *in-12. petit papier.*

———— Les mêmes, *in-18.*

———— Les mêmes, en Latin. *in-32.*

L'Office de la Fête & de l'Octave du faint Sacrement ; Latin-François, felon les nouveaux Miffel & Bréviaire de Paris, *in-12.*

Heures des Paroiffiens, contenant les Meffes des principales Fêtes, Vêpres & Hymnes des Dimanches & des Fêtes de l'année ; l'Office du faint Sacrement, Latin-François, felon les nouveaux Miffel & Bréviaire de Paris, avec l'ufage de Rome, enrichies de plufieurs Planches, *in-24.* très-commodes à porter.
—— Idem *in-24.* Latin, *gros caraflere.*

On trouve chez le même Libraire les Bréviaires, Diurnaux, Antiphonaires, Pfeautiers, Miffels pour les Diocéfes d'Evreux, de Blois, de Seès, de Coutances, & d'Agen, ainfi que les Livres d'Ufages, propres aux Laïcs de ces mêmes Diocéfes, reliés de toutes les façons.

De M. BINET, Prêtre.
La Chronologie & la Topographie du nouveau Bréviaire de Paris, ouvrage divifé en deux Parties, & utile à toutes les perfonnes qui récitent ce Bréviaire. On y a ajoûté un Supplément à la Topographie pour les Diocéfes de Blois, Evreux, Seès, & Coutances, *in-12.*

De M. LE BEUF, Chanoine d'Auxerre, de l'Académie des Sciences & Belles-Lettres.
Traité hiftorique & pratique fur le Chant Eccléfiaftique, avec la méthode pour apprendre à chanter, *in-8.*

Par M. LE FEVRE, Prêtre, Bachelier en Théologie.
Calendrier Hiftorique & Chronologique de l'Eglife de Paris, contenant l'origine des Paroiffes, Abbayes, Monaftéres, Prieurés, Collégiales, &c. de Paris. La mort des Evêques, Archevêques, & des Hommes illuftres du Diocéfe. Les événemens dignes de remarques : les Conciles tenus à Paris ; les Heréfies qui y ont été condamnées ; la Prélature Parifienne. Le tout fous le titre des Patrons de chaque Eglife, fuivant le jour de leur Fête, & rectifié fur les Titres originaux, & fur plufieurs Manufcrits authentiques ; avec une table Alphabetique pour une plus grande commodité, 1. *vol. in-12.* 1747.

LIBRI RITUALES ROMANI.

Psalterium Romanum ; *in-fol.*
Antiphonarium Romanum , *in-fol. in-8.*
Graduale Romanum , *in-fol. in-8.*
Miſſale Romanum , *in-fol.* Pariſiis. *in-4. Lugduni.*
Miſſæ Pontificales , *in-fol.*
Miſſale pro Defunctis , *in-4.*
Proceſſionale Romanum , *in-8. in-12.*
Rituale Romanum , *in-8.*
Martyrologium Romanum , *in-8.*
Breviarium Romanum , *in-4. 4 vol.*
Breviarium Romanum , *in-8. 2* vol. *Rubr. Lat.*
     Antuerpiæ.
Breviarium Romanum, *in-8. 2* vol. *Rubr. Franç.* Pariſ.
————— Idem , *in-8. 4 vol.*
Diurnale Romanum , *in-8. in-18. in-32.*

USAGES.

PRiéres Chrétiennes recueillies par ordre de feu M. de Harlay , Archevêque de Paris, avec des Inſtructions , &c. *in-8.*

HEURES *in-8.*

Heures dédiées aux Dames de S. Cyr , en Latin, *gr. pap.*
————— Les mêmes, *petit papier.*
————— Les mêmes, en Latin & en François.
Exercice de la piété chrétienne , &c. en François.

HEURES *in-12.*

Heures Latines & Françoiſes, *de Saint-Auguſtin romain*, dédiées aux Dames de S. Cyr.
————— Les mêmes, *de Cicero & de petit Romain.*
————— Les mêmes, *de Saint-Auguſtin & Cicero*, petit papier.
Heures Latines, *de Cicero romain*, dédiées à Madame la Dauphine.
————— Les mêmes, toutes Françoiſes.
Heures Latines, *de gros Romain*, dédiées à Mademoiſelle de Chartres.
————— Les mêmes, toutes Françoiſes.
Heures Royales, Latines, *de gros Parangon.*
————— Les mêmes, toutes Françoiſes.

Heures Royales, Latines & Françoises, *de petit Romain & de petit Texte*, dédiées à Madame, avec les Méditations sur les Fêtes solemnelles, & les Pensées Chrétiennes pour tous les jours du mois, *en grand papier, très-amples.*

———— Les mêmes, en grand papier, *plates.*

———— Les mêmes, en petit papier, *amples,*

Heures Latines & Françoises, *de Cicero & de petit Romain*, dédiées à Madame la Princesse, avec les Méditations & les Pensées Chrétiennes, &c. *grand papier.*

———— Les mêmes, *petit papier.*

Heures Latines, *de Cicero*, dédiées aux Dames de saint Cyr, avec l'Office de la Vierge sans renvoi, grand papier, *amples.*

———— Les mêmes, grand papier, *petit caractére.*

———— Les mêmes, petit papier, *amples,*

Heures Françoises, *de Cicero*, dédiées à Madame la Dauphine, *grand papier,*

———— Les mêmes, *petit papier,*

Heures Latines, *de gros Romain*, dédiées au Roi, *grand papier.*

———— Les mêmes, *petit papier.*

———— Les mêmes, *grand papier*, Françoises.

———— Les mêmes, *petit papier.*

Heures Latines, *de gros Parangon*, dédiées à Madame la Princesse, *grand papier.*

———— Les mêmes Françoises, *grand papier.*

HEURES *in-*32. *& au dessous.*

Heures Latines & Françoises, *de petit Romain & de petit Texte*, dédiées à Monseigneur le Duc de Bourgogne, *grand papier.*

Heures Latines, *de petit Texte*, dédiées au Roi, gr. pap.

———— Les mêmes dédiées aux Dames de S. Cyr, *plates.*

Heures Latines, *de Cicero*, dédiées au Roi, avec l'Office de la Vierge sans renvoi, *grand papier.*

———— Les mêmes, Françoises.

Heures Royales, Latines, *de gros Romain*, grand papier, *amples.*

Heures à trois Offices, *de petit Texte*, grand papier, *très-amples.*

Heures Latines, au Dauphin, *de Cicero.*

———— Les mêmes, Françoises, *de petit Texte.*

Heures *in*-32. petit papier, *plates*, en Latin.

———— Les mêmes, en François.

———— Les mêmes, en Italien.

Heures à la Cavaliére, *in*-48.

Heures aux Princes, *in*-64.

Heures de Cour, *in*-128.

Le Petit Livre du Chrétien, dans la pratique du service de Dieu & de l'Eglise, *in*-32.

Le Chemin du Ciel, par lequel les Ames sont élevées à Dieu, & conduites à l'éternité bienheureuse ; ensemble la Clef des Consciences, Latin-Franç. *in*-18.

———— Le même, Latin, *in*-24.

On trouve aussi chez le même Libraire plusieurs sortes de Livres d'OFFICES, & d'HEURES à l'usage de Rome, tant Latin, que Latin - François, & tout François, de toutes grandeurs, reliés différemment, en Mouton, Veau, Maroquin, & Chagrin, suivant les maniéres le plus en usage.

LIVRES A L'USAGE DES ECOLES.

Histoire abbregée de l'ancien Testament avec la Vie abbregée de notre Seigneur Jesus-Christ, *in*-8.

Régles Chrétiennes pour faire saintement toutes ses actions, dressées en faveur des Enfans qui se font instruire dans les Ecoles Chrétiennes, *in*-8.

Pseautier, *in*-18. Latin, *mince.*

Pseautier, *in*-18. François.

Alphabet Latin, *in*-18. *ample.*

Le petit Alphabet, *in*-18. Latin.

Alphabet François, *in*-18. *ample.*

Alphabet François, *in*-18. *mince.*

Abbregé de la Doctrine Chrétienne, *in*-18.

Le Catéchisme de Paris, *in*-18.

Le Catéchisme des Fêtes, *in*-16.

Le Catéchisme de Fleury, *in*-16.

Le petit Exercice, *in*-18.

La Civilité puérile & honnête, *in*-8.

Les Instructions familiéres, qui contiennent les Maximes, &c. *in*-12.

A l'usage des Catéchismes, *in*-18.

CATALOGUE
DES LIVRES
QUI SE VENDENT

Chez GL. HERISSANT, Imprimeur-Libraire,

A PARIS,

Rue Notre-Dame, à la Croix d'or & aux trois Vertus.

De M. JEAN PONTAS, Prêtre & Docteur en Droit Canon de la Faculté de Paris, & Prieur de saint Sauveur de Panreux.

DICTIONNAIRE des Cas de Conscience, ou Décisions des plus considérables difficultés touchant la Morale & la discipline Ecclésiastique, tirées de l'Ecriture, des Conciles, des Peres, des Décrétales des Papes, & des plus célébres Théologiens & Canonistes, *nouvelle Edition*, revue, corrigée & augmentée par l'Auteur ; qui outre plusieurs nouvelles décisions, y a ajoûté des discours préliminaires, contenant les définitions, les divisions, les principes, & les maximes qui conviennent à la matiére de chaque Titre ; avec une table générale des matiéres, & celle des Conciles, des Papes, des Auteurs cités, & des trois cens neuf Titres qui composent tout l'Ouvrage ; derniére Edition, *in-fol. 3. vol. 1743.*

Exhortations aux Malades en leur administrant le saint Viatique, tirées de l'Ecriture & des Peres, *in-12.*

Autres Exhortations aux Malades en leur administrant le saint Viatique, & l'Extrême-Onction, tirées des Evangiles des Dimanches, & des saints Peres de l'Eglise ; Ouvrage où les personnes de piété trouveront

A

toutes sortes de sujets propres pour méditer les vérités chrétiennes, & pour se préparer à la sainte Communion, & à une bonne mort, *in-12, 2. vol.*

Exhortations pour le Baptême, les Fiançailles, le Ma-
riage, & la bénédiction du Lit nuptial, tirées de
l'Ecriture & des Peres ; Ouvrage où les personnes
mariées, & à marier, trouveront toutes les instructions nécessaires pour se conduire selon l'esprit
de Dieu, *in-12.*

Entretiens spirituels pour instruire, consoler & exhorter
les Malades dans les différents états de leurs maladies ; tirés de l'Ecriture & des Peres, avec les Priéres
Latines pour les Agonisans, traduites en François,
in-12. 2. vol. 1745.

De M. D. C. *de l'Académie Françoise.*

Le Dictionnaire des Arts & des Sciences, *nouvelle
Edition*, revue, corrigée & augmentée par MM. de
l'Académie Françoise, & de l'Académie Royale des
Sciences, *2. vol. in-fol.*

De M. Du Bois, *de l'Académie Françoise.*

Les Lettres de Ciceron à ses Amis, traduites en François, le Latin à côté, suivant les Editions de Grævius ;
avec des avertissemens sur chaque Livre, des sommaires & des notes sur chaque Lettre, *in-12, 4. vol.*

Les Offices de Ciceron, traduits en François avec le
Latin à côté, sur l'édition de Grævius ; avec des
notes, & des sommaires des Chapitres, *in-12. 1. vol.*

Les Livres de Ciceron, de la vieillesse, & de l'amitié,
avec les Paradoxes du même Auteur, traduits en
François sur l'édition Latine de Grævius ; avec des
notes, & des sommaires des Chapitres, *in-12. 1. vol.*

De M. Le Maitre de Sacy, *sous le nom du Sieur* De Royaumond, *Prieur de Sombreval.*

L'Histoire du vieux & du nouveau Testament, avec des
Explications édifiantes tirées des saints Peres pour
regler les mœurs dans toutes sortes de conditions,
1. vol. in-4. avec figures.

———— Le même, *1. vol. in-12.* sans figures.

*De M. J. ****

Fastes François, Caractéres des Rois de France,
in-12. 1. vol.

De M. BAILLET.

Les Vies des Saints, composées sur ce qui nous est
resté de plus autentique & de plus assuré dans leurs
Histoires, disposées selon l'ordre des Calendriers
& des Martyrologes, avec l'Histoire de leur culte,
selon qu'il est établi dans l'Eglise Catholique, &
l'Histoire des autres Fêtes de l'année. *Nouvelle
Edition, in-4. 10. vol.*

Du P. NOUET, Jésuite.

La Dévotion envers notre Seigneur Jesus-Christ, souverainement bon, souverainement grand, souverainement saint, pour servir de lecture spirituelle à
l'homme d'Oraison pendant tout le cours de l'année, *in-4. 3. vol.*

L'HOMME D'ORAISON.

Ses Méditations & Entretiens, pour tous les jours de
l'année, *in-12. 9. vol.*
———— L'Avent, Tom. I.
———— La Septuagésime, *Tome II.*
———— Pâque, *Tome III.*
———— La vie mystique dans le très-saint Sacre-
ment, *Tome IV.*
———— La Pentecôte jusqu'à l'Avent; Vie de JESUS
conversant avec les hommes, *Tome V. & VI.*
Continuation de la Vie de JESUS, & Retraite pour
se préparer à la mort, prise des derniéres paroles
& actions de Jesus-Christ, depuis son retour de la
Judée jusqu'à sa Passion, *Tome VII.*
———— Vie de JESUS dans les Saints, selon l'ordre
& le rang que l'Eglise leur donne dans le Calen-
drier Romain, pour la célébration de leurs Fêtes,
Tome VIII. & IX.

L'HOMME D'ORAISON.

Ses Retraites, in-12. 5. vol.
———— Sa conduite dans les voies de Dieu, contenant

toute l'économie de la Méditation, de l'Oraison affective, & de la Contemplation, *Tome I. & II.*

——— Retraites annuelles, contenant la premiére retraite pour tous ceux qui veulent régler leur vie, & penſer ſérieuſement à leur ſalut, priſes du Livre des exercices de ſaint Ignace, *Tome III.*

——— Sa ſeconde Retraite pour acquérir la conformité avec la volonté de Dieu. Sa troiſiéme Retraite pour acquerir la patience, & le ſublime eſprit de la Croix. Exercitia ſpiritualia ſancti Ignatii. *Tome IV.*

——— Sa quatriéme Retraite pour acquerir l'eſprit de Jeſus-Chriſt. Sa cinquiéme Retraite pour acquerir la paix du cœur, par le réglement des paſſions. Sa ſixiéme Retraite pour ſe renouveller dans l'eſtime de la perfection, & dans la grace de la vocation Religieuſe. Sa ſeptiéme Retraite, le pur amour de Dieu, de Jeſus-Chriſt ſon Fils unique, avec la volonté de Dieu. *Tome V.*

Méditations & Entretiens ſur le bon uſage des Indulgences, & ſur les préparations néceſſaires pour gagner le Jubilé, *in-12.*

Les volumes in-12. ſe vendent ſéparément.

De la Dévotion vers l'Ange Gardien, Traité très-utile pour toutes les ames Chrétiennes qui aſpirent à la perfection & à l'union avec Dieu, *in-18.*

Les Conſeils de la Sageſſe, ou Recueil des maximes de Salomon les plus néceſſaires à l'homme pour ſe conduire ſagement, *in-12, 2. vol. & en un volume.*

Du Pere REGNAULT, *Jeſuite.*

L'Origine ancienne de la Phyſique nouvelle, 3. vol. *in-12.*

Les Entretiens Phyſiques d'Ariſte & d'Eudoxe, ou Phyſique nouvelle en dialogues, qui renferment préciſément ce qui s'eſt découvert de plus curieux & de plus utile dans la nature, enrichis de beaucoup de figures, *in-12. 4. vol.* 1745.

On donnera la ſuite du même Auteur.

Œuvres du Sieur BAREME.

Le Livre des Comptes faits, ou Tarif général de toutes les Monnoies tant anciennes que nouvelles, augmenté du Tarif des Glaces, 1. vol. *in-12.*

Le Livre néceſſaire, ou Tarif géneral des Glaces, des Eſcomptes, des Changes, & des Diviſions toutes faites, 1. *vol. in-*12.

Le Livre facile pour apprendre l'Arithmétique ſans Maître, augmenté dans cette derniére édition du Traité d'Arithmétique néceſſaire à l'arpentage & au toiſé, & de la méthode de meſurer toute ſorte de terrein tel qu'il puiſſe être, 1. *vol. in-*12.

Le Livre du grand Commerce, où l'on trouve les Tarifs géneraux pour la réduction des Monnoies de France en Monnoies de Hollande & d'Angleterre, & des Monnoies de Hollande & d'Angleterre en Monnoies de France : les Tarifs géneraux pour la réduction des Monnoies de France en Monnoies d'Eſpagne, & des Monnoies d'Eſpagne en Monnoies de France. L'on peut apprendre dans cet Ouvrage à faire une remiſe, une traite, un roulement, une négociation & un arbitrage, *in-*8. 2. *volumes.*

Le Traité des Parties-doubles, ou méthode aiſée pour apprendre à tenir en parties-doubles les Livres du Commerce & des Finances, *in-*8. *grand papier, ſeconde Edition.*

Agenda & Calendrier, avec les Tarifs des Monnoies courantes, préſenté aux Gens d'Affaires & aux Négocians, 1. *vol. in-*24.

De Madame ***

Sentimens d'une Ame pénitente ſur le Pſeaume *Miſerere meî, Deus.* & le Retour d'une ame à Dieu, ſur le Pſeaume *Benedic, anima mea.* avec l'Ordinaire de la Meſſe, & des Réflexions Chrétiennes, *in-*18. *avec figures.*

De M. PELISSON, *de l'Académie Françoiſe.*

Courtes Priéres durant la ſainte Meſſe, & l'Ordinaire de la Meſſe en Latin & en François, *in-*18. *avec figures.*
—————— Les mêmes avec les Priéres du matin & du ſoir, les ſept Pſeaumes & les Vêpres, *gros caractére.*
—————— Les mêmes, *in-*24. *ſans figures.*

Du R. P. Edme Calabre, *Prêtre de l'Oratoire.*

Homélie, ou Paraphrase du Pseaume 50. *Miserere mei, Deus.* en forme d'instruction, avec une pratique de piété pour adorer Jesus-Christ expirant, *in-18.*

Du R. P. Giri, *Minime.*

Les Vies des Saints dont on fait l'Office dans le cours de l'année, avec des discours sur les mystéres de notre Seigneur & de la sainte Vierge. Le Martyrologe Romain traduit en François à la tête de chaque jour, & un Martyrologe des Saints de France, dont le Romain ne fait pas mention. *Nouvelle édition,* revue & corrigée par l'Auteur, *in-fol.* 2. *vol.*

———— Les mêmes Vies des Saints dont on fait l'Office dans le cours de l'année, & de plusieurs autres dont la mémoire est plus célébre parmi les Fidéles, avec des discours sur les mystéres de notre Seigneur & de la sainte Vierge, que l'Eglise solemnise. Le Martyrologe Romain traduit en François, & mis à la tête de chaque jour, & un Martyrologe des Saints de France, qui ne sont pas dans le Romain, tiré des Bréviaires & Calendriers des Eglises particuliéres. *Nouvelle & derniére édition,* revue & corrigée par l'Auteur avant sa mort, & depuis encore recherchée & augmentée de plusieurs autres Saints nouvellement canonisés, ou béatifiés, ou décedés en odeur de sainteté, *in-fol.* 3. *vol.*

Autore Gabriele Musson, *Doctore Theelogo è Regia Societate.*

Lectiones Theologicæ de Religione, *in-12.* 3. *v.* 1744.
Lectiones Theologicæ de Sacramentis, *in-12.* 4. *vol.* 1746.
On donnera la suite du même Auteur.

Du R. P. Merlin, *Jesuite.*

Traité historique & dogmatique sur les paroles ou les formes des sept Sacremens de l'Eglise, *in-12.* 1745.

Du R. P. DANIEL *Capucin, ancien Lecteur en Théologie, & Missionnaire.*

Conférences Théologiques & Morales par demandes & par réponses sur les Commandemens du Décalogue, les Commandemens de l'Eglise, & sur les Sacremens, avec des résolutions de Cas de Conscience sur chaque matiére, à l'usage des Missionnaires & de ceux qui s'emploient à la conduite des ames, *in*-12. 6. *vol.*

Conférences sur l'Oraison Dominicale, *in*-12. 1. *vol,* 1748.

Du R. P. BERNARD D'ARRAS, *Capucin.*

Code des Paroisses, ou Recueil des plus importantes questions sur les Curés & leurs Paroissiens, résolues par l'Ecriture, les Conciles & les Peres; précedées de plusieurs Dissertations contre le Livre intitulé, *Les Pouvoirs légitimes du premier & second Ordre, dans l'administration des Sacremens, & le gouvernement de l'Eglise,* en France, 1744. *In*-12. 2. *vol.* 1746.

De M. ANTOINE GODEAU, *Evêque & Seigneur de Vence.*

Méditations sur le très-saint Sacrement de l'Autel, pour servir à toutes les heures du jour & de la nuit aux adorateurs perpétuels de ce Mystére, *in*-12.

De M. DEBONNAIRE, *Prêtre.*

L'Imitation de Jesus-Christ nouvellement traduite, avec des Réflexions & des Priéres, pour en recueillir l'instruction, & pour en demander l'esprit; dédiée à S. A. R. Madame la Duchesse D'ORLEANS. *Nouvelle édition,* revue & enrichie de l'Ordinaire de la Messe, avec l'explication des différentes parties dont il est composé, & ornée de figures en Taille-douce, *in*-12.

—————— La même, *in*-12. sans Réflexions.

—————— La même, *in*-18. avec des Réflexions & des Priéres.

—————— La même, *in*-24. avec des Priéres.

De M. GIRARD, *Conseiller du Roi en ses Conseils.*

Les Oeuvres composées en Espagnol , *par le R. P. Louis de Grenade, de l'Ordre de S. Dominique ,* traduites en François , *in-fol.*

Le Guide des pécheurs composé en Espagnol , *par le R. P. Louis de Grenade de l'Ordre de S. Dominique ,* traduit de nouveau en François , *in*-8.

Traité de l'Oraison & de la Méditation , contenant les considérations que l'on peut faire sur les principaux mystéres de notre Foi ; avec trois petits Traités touchant l'excellence des principales parties de la Pénitence , qui sont la Priére , le Jeûne & l'Aumône , *in*-8. 2. *vol.*

De M. F***

Oeuvres spirituelles de Dom Jean de Palafox , Evêque d'Osma ; sçavoir , ses Réponses aux Demandes d'une personne de piété , & le Pasteur de la Nuit de Noël , traduites de l'Espagnol en François , *in*-18. *avec fig.*

De M. COLLIN, *Vicaire perpétuel de saint Martin des Champs dans l'Eglise de Paris.*

Vie de la Vénérable servante de Dieu Marie LUMAGUE, veuve de M. Pollalion Gentil-homme ordinaire du Roi , Institutrice des Filles de la Providence , sous la conduite de S. Vincent de Paul , morte en odeur de sainteté en 1657. avec les piéces justificatives. *in*-12. 1744.

Journée sainte , nouvelle Edition , augmentée d'une priére pour renouveller les promesses du Baptême , d'une amende honorable au S. Sacrement , d'une préparation à la mort , & de plusieurs autres Priéres , *in*-12. 1746.

De Messieurs de P. R.

Vies des Saints pour tous les jours de l'année avec des réflexions sur la vie de chaque Saint , & un Martyrologe , *in*-8. 4. *vol.*

Vies des Saints de l'ancien Teſtament, contenant les Patriarches, les Prophétes, les Rois, les Juges, les Machabées, les Saintes, &c. *in*-8. 4. *vol.*

Du P. L*** *Prêtre de l'Oratoire.*

Sermons ſur les plus importantes matiéres de la Morale Chrétienne, à l'uſage des Miſſions & de ceux qui travaillent dans les Paroiſſes, *in*-12. 8. *vol. nouvelle Edition.*

————— En forme de Prônes ſur les Epîtres de toute l'année, à l'uſage des Miſſions, *in*-12. 3. *vol.*

De M. TREUVE'.

Diſcours de piété, où l'on trouve l'explication des Myſtéres que l'Egliſe honore depuis l'Aſcenſion juſqu'au dernier jour de l'Octave du S. Sacrement, pour ſervir de Lecture ſpirituelle aux perſonnes qui ne peuvent entendre les Inſtructions publiques, *in*-12. *derniére Edition.*

Priéres tirées de l'Ecriture ſainte, pour le matin & le ſoir, & pendant la Meſſe, avec une explication du Sacrifice & des cérémonies de la Meſſe, &c. & la maniére de dire chrétiennement la Priére appellée ANGELUS. *in*-18.

Du P. Q*** *Prêtre de l'Oratoire.*

JESUS-CHRIST pénitent, ou Exercice de piété pour le temps du Carême, & pour une retraite de dix jours, avec des réflexions ſur les ſept Pſeaumes de la Pénitence, & la JOURNE'E CHRE'TIENNE, *in*-12.

Regrets d'une ame touchée d'avoir abuſé long-temps de la ſainteté du *Pater. in*-24.

Exercice du Pénitent avec des régles & des maximes ſur la Pénitence, &c. Une Journée Chrétienne; des Réflexions & des pratiques de pénitence pour chaque jour du mois, *in*-18.

Du P. AMELOTE, *Prêtre de l'Oratoire.*

Nouveau Teſtament de N. S. J. C. avec des notes, *in*-4. 2. *vol.*

————— Le même, ſans notes, *in*-12. 2. vol. *gros caractére.*

————— Le même, *in*-12, *in*-18. & *in*-24.

A v

De M. H***

Traité de la Priére continuelle, avec divers moyens
  de la pratiquer, *in-12.*
Différents Traités de Pénitence, &c. *in-12.*

De M. GOBINET.

Instruction de la Jeuneſſe en la piété Chrétienne, tirée
  de l'Ecriture ſainte & des ſaints Peres, *in-12.*
Addition à l'Inſtruction de la Jeuneſſe, *in-12.*
Inſtruction ſur la Pénitence, & ſur la ſainte Com-
  munion, *in-12.*
Inſtruction ſur la vérité du ſaint Sacrement, *in-12.*
Inſtruction ſur la Réligion, *in-12.*
Inſtruction ſur la maniére de bien étudier, *in-12. 1746.*

De feu M. BRUNET, *Abbé de ſaint Crépin-le-Grand, de Soiſſons, & Docteur de Sorbonne.*

Pratique du Sacrement de Pénitence, avec les *Reſponſa
  moralia, in-18.*
Maximes Eccléſiaſtiques, & Avis pour la conduite de
  ceux qui travaillent au ſalut des ames, avec les *Selecta è Conciliis, SS. Patribus, piiſque Auctoribus
  Sententïæ, de vitâ & moribus Clericorum,* in-18.
Sentimens de piété pour animer les actions du Chré-
  tien pendant la journée, *in-18.*
Motifs & Pratiques des principales vertus Chrétiennes,
  avec des conſidérations affectueuſes ſur la Mort &
  Paſſion de notre Seigneur Jeſus-Chriſt, *in-18.*
Abbregé des devoirs du Chrétien, en forme de Caté-
  chiſme, contenant les principaux points de la Doc-
  trine & de la Morale Chrétienne, *petit in-12.*
Penſées Chrétiennes ſur la Paſſion de notre Seigneur
  Jeſus-Chriſt, *in-24.*
Table pour faciliter l'éxamen de conſcience, *brochure
  in-32.*

De M. l'Abbé de BELLEGARDE.

L'Eſprit de l'Egliſe dans l'uſage des Pſeaumes, en
  forme de Priéres ou d'Exhortations, *in-12. 2. vol.*

Œuvres de S. FRANÇOIS DE SALES, *Evêque & Prince de Genéve.*

Introduction à la Vie dévote, de S. François de Sales, Evêque & Prince de Genéve, Inftituteur de l'Ordre de la Vifitation Sainte-Marie, *Nouvelle édition,* revue, corrigée & mife en meilleur François, *in-*12.

—— Les mêmes, *in-*18.

La véritable Conduite de S. François de Sales, pour la Confeffion & Communion, fidélement extraite de fes Ecrits & faifant partie de fes Œuvres, augmentée de l'Office & des Litanies en l'honneur du très-faint Sacrement, avec des actes de réparation d'honneur des facriléges & des irréverences qui fe commettent, *in-*18.

Les Entretiens fpirituels du bienheureux François de Sales, Evêque & Prince de Genéve. *Nouvelle édt-tion,* augmentée par l'Auteur d'une confidération fur le Symbole des Apôtres, *in-*18.

Les Epîtres de S. François de Sales, *in-*12. 2. vol.

Vie fymbolique *du même, in-*12.

Controverfes *du même, in-*12.

L'Etendart de la Croix *du même, in-*24.

Les Lettres avec l'abbregé de la vie de Madame de Chantal, *in-*12.

Le Directeur fpirituel des Ames dévotes, *in-*24.

La vraie & folide Piété expliquée par S. François de Sales, Evêque & Prince de Genéve, recueillie de fes Epîtres & Entretiens, dédiée à la Reine, *in-*12. 1747.

—— La même, *in-*8.

Traité de l'amour de Dieu, *in-*12.

Nouvelle Méthode pour la Confeffion & la Communion, avec la maniére de bien faire une Confeffion générale ; & les plus utiles Maximes Chrétiennes, tirées de faint François de Sales, *in-*18.

*De M. P****

Epîtres & Evangiles avec des Explications par Demandes & par Réponfes, & des Priéres à la fin de

chaque Epître & de chaque Evangile , pour tous
les Dimanches & Fêtes de l'année , les Féries du
Carême & des Quatre-Temps , 3. vol. in-12.

De M. DELAMARE , *Docteur en Théologie, Grand
Pénitencier , & Chanoine de l'Eglise de Paris.*

Epîtres & Evangiles de tous les Dimanches & de toutes
les Fêtes de l'année , de l'Avent , du Carême , & des
autres grandes Féries , avec de courtes Réflexions ,
in - 12.
———— Les mêmes sans Réflexions , *in*-12. *gros ca-
ractére.*
———— Les mêmes avec des Réflexions , *in*-18.
———— Les mêmes avec les Heures Canoniales , & les
Vêpres qui se chantent à l'Eglise pendant le cours
de l'année , *en Latin & en François* , *in*-18.
———— Les mêmes sans Réflexions , *in*-18.
———— Les mêmes pour les Fêtes non chomées , avec
des Réflexions , & un abbregé des Mystéres , & des
Vies des Saints dont on fait la Fête pendant le cours
de l'année , *vol. in*-12.
Epîtres & Evangiles avec de courtes Réflexions , des
Explications sur tous les Mystéres , un Abbregé de
la Vie de chaque Saint ; l'Ordinaire de la Messe , les
Priéres pour la Confêssion & la Communion , & les
Messes de tous les Dimanches , Fêtes & Féries de l'an-
née , en forme d'ANNE'E CHRE'TIENNE ,
in-12. 3. *vol.*
Explication du Pseaume 118. tirée de saint Augustin ,
petit in-12.
Exhortation à la Pénitence , & conduite pour la Confession & pour la sainte Communion , *in*-18.
Traité pour la premiére Communion des Enfans , *bro-
churé in*-18.
Vies des Saints pour tous les jours de l'année , avec
des Instructions sur les mystéres de notre Seigneur ,
à l'usage des familles chrétiennes , *in*-12.

De M. l'Abbé LOREILLE.
Pieuses affections envers la miséricorde de Dieu, pour
servir de préparation à la Confession & à la Communion , tirées de l'Ecriture sainte & des saints Peres ,
petit in-12.

De M. BOUCHEUL, *Avocat.*

Coûtume du Poitou, *in-fol.* 2. *vol.*
Conventions de fucceder, *in-4.*
Traité de l'Ortographe Françoife, en forme de Diction-
naire, *in-8.* Nouvelle édition augmentée.
Compendiofæ Inftitutiones Theologicæ ad ufum Semi-
narii Pictavienfis, *in-12.* 5. *vol.*
———— Idem, *in-12.* 4. *vol.*

De M. G*** *Docteur de Sorbonne.*

L'Imitation de notre Seigneur Jefus-Chrift, traduction
nouvelle, avec des Réflexions & des Priéres à la fin
de chaque Chapitre, des Notes, & une Differtation
fur l'Auteur de ce Livre, *in-12. gros caractére,
fous preffe.*
Invocation & Imitation des Saints, pour chaque jour de
l'Année, qui contient un extrait de leurs Vies, des
Priéres, des Réflexions & des Maximes tirées de
l'Ecriture fainte, *in-12.*

Du R. P. LALLEMANT, *de la Compagnie de Jefus.*

Entretiens de l'Ame dévote fur les principales maximes de la vie intérieure, traduits de deux Opufcules
de Thomas à Kempis, *in-12.*

De M. C***

Paraphrafes fur le *Pater.* 1. Pour fervir de préparation
à la Communion : 2. Pour méditer au pied du Crucifix : 3. Pour les Agonifans, avec des Pratiques
pour la vifite & la confolation des malades ; les
Priéres de l'Eglife dans l'adminiftration du Sacrement de l'Extrême-Onction, & les Priéres pour les
Agonifans, *in-18.*

De M. l'Abbé P***

Hiftoire de la Vie de notre Seigneur Jefus-Chrift, felon les quatre Evangeliftes, avec de courtes Notes
pour en faciliter l'intelligence, *in-18. grand papier.*
———— Le même, *in-18. petit papier.*

Chemin assuré du Paradis , qui consiste dans l'intelli-
gence & la pratique de ces paroles de Jesus-Christ : *Si quelqu'un veut venir après moi , qu'il renonce à soi-même , qu'il porte sa croix , & qu'il me suive ,* in - 12.

Sacro-sancti & œcumenici Concilii Tridentini Canones & Decreta , *in-24.* Parisiis, 1738.

Catechismus Concilii Tridentini , *in-24.* Parisiis , 1738.

Explication de la Régle de S. Benoît , adressée à un Monastére où l'on suit la mitigation ; en quoi elle consiste , & à quoi la Régle oblige , *in-12.*

Par M. CHALOSSE.

L'Arithmétique par les Fractions , contenant des instructions pour mettre en pratique par des questions interessantes les régles générales de cette Science , soit pour négocier en France , soit pour négocier dans les Pays étrangers , tant en Changes qu'en Marchandises , & qui enseigne à résoudre les problêmes les plus curieux & les plus difficiles sans le secours de l'Algebre , 1. *vol.* in-18. 1747.

Par M. TONDU DE NANGIS, *Notaire Royal au Bailliage & Comté de Beaumont sur Oise , &c.*

Dissertation démonstrative de la Quadrature absolue du Cercle, avec figures , divisée en trois Parties.

La premiére concernant uniquement cette Quadrature absolue du Cercle , & tout ce qui peut y avoir trait.

La seconde , de l'impossibilité d'avoir le produit certain de l'aire du Cercle , que par le Carré parfait ; & de l'impuissance des infiniment-petits : Pourquoi. Conférence des sentimens des Auteurs les plus distingués.

La troisiéme , des suites de la Quadrature absolue du Cercle ; de la découverte d'erreurs monstrueuses dans le produit donné jusqu'à présent de la Sphére , tant en sa superficie , qu'en sa solidité ; & de celle de quatre nouveaux Corps réguliers , dit proportionnels.

Par un Bénédictin de la Congrégation de S. Vanne.

Le Libertinage combatu par le témoignage des Auteurs profanes, dédié à S. A. S. Monseigneur le Prince de CONDE', *in-12. 4. vol.*

Office Paroiſſial, contenant les Offices pour tous les Dimanches & pour toutes les Fêtes de l'année, en Latin & en François, 2. *vol. in-12.*

Office de la Semaine ſainte, Latin-François, à l'uſage de Rome & de Paris, *dédié à la Reine,* traduction nouvelle avec des Réflexions, *in-8. gros caractére,* *avec figures.*

——————— Le même, *in-12.* Latin-François.

——————— Le même, Latin-François, *in-18.*

——————— Le même, tout Latin, *in-18.*

——————— Le même, Latin, *in-24.*

Pſeaumes de David, & Cantiques de l'Egliſe, en François, *in-18.*

De M. DE MAROLLES, *Abbé de Villeloin.*

Office de la Semaine ſainte ſelon le Miſſel & le Bréviaire Romain, avec la concordance du Miſſel & du Bréviaire de Paris, enſemble l'explication des Myſtéres ſacrés, *in-8.*

Du R. P. MAUPIN, *Bénédictin.*

Heures Latines & Françoiſes à l'uſage de ceux qui aſſiſtent au Service de l'Egliſe, avec des Priéres & des Réflexions morales ſur les Evangiles des Dimanches & des Fêtes de l'année, tirées de l'Ecriture ſainte & des ſaints Peres, &c. *in-18.*

——————— Les mêmes en Latin, *in-18. petit caractére.*

——————— Les mêmes en Latin, *in-32.*

De feu M. C. COTTON, *Prêtre, Licencié en Théologie de la Faculté de Paris.*

Devoirs & Exercices ordinaires du Chrétien, contenus dans des Inſtructions ſur les principales Vérités de la

Religion, des Priéres tirées de l'Ecriture fainte, &
des faints Peres ; l'Office de la fainte Vierge fans
renvoi ; l'Office des Dimanches & des Fêtes, & celui
des Morts, avec une Paraphrafe des Pfeaumes de la
Pénitence : le tout Latin-François, *in-12*.

—————— Les mêmes, en petit caractére, *in-18.*
fous preffe.

—————— Les mêmes en Latin, *in-32.* très-amples.

De M. Le Tourneux.

Office de la fainte Vierge, Latin-François, avec des
Inftructions pour paffer chrétiennement la journée,
& pour faire faintement toutes fes actions pendant
le cours de l'année, dédié à Madame la Dauphine ;
nouvelle Edition, *in-8.*

—————— Le même, *in-12.* fans renvoi.

—————— Le même, *in-18.*

Hiftoire de la Vie de notre Seigneur Jefus - Chrift,
nouvelle édition, *in-12.*

—————— La même, *in-18.*

Office de la Fête & de l'Octave de Noël jufqu'à l'Epiphanie, felon l'ufage de Rome & celui de Paris, *en*
Latin & en François, avec l'explication des Myftéres que l'Eglife célebre le jour de Noël, & des Réflexions fur ce Myftére, *in-12.*

—————— Le même, en Latin, *petit in-12.*

Priéres & Afpirations pour élever fon efprit à Dieu,
pour le temps de l'Avent, avec des Réflexions fur les
grandes Antiennes de ce temps, appellées O. de
Noël, *petit in-12.*

Office de la Semaine fainte & de l'Octave de Pâque,
à l'ufage de Rome, *Latin-François*, avec l'explication des cérémonies de l'Eglife, & quelques Priéres
tirées de l'Ecriture fainte pour la Confeffion & Communion, & fur les Myftéres que l'on célebre durant
ce faint temps; dédié à Madame la Chanceliére, *in-8.*

—————— Les mêmes, *in-12.* 1740.

L'Office du S. Sacrement pour le jour de la Fête &
toute l'Octave, avec trois cens douze nouvelles Leçons, tirées des faints Peres & Auteurs Eccléfiafti-
ques des douze premiers fiécles, dans lefquelles on
voit la tradition perpétuelle de l'Eglife fur le fujet de

l'Euchariftie, à l'ufage de Rome, & felon le Bré-
viaire de Paris, *in-12. premier volume.*
Tradition de l'Eglife touchant l'Euchariftie, divifée
en cinquante-deux Offices, *Tome fecond.*
Les Offices de la Touffaints, des Morts, & de faint
Marcel, à l'ufage de Rome & de Paris, *Latin-
François,* 1. *vol. in-*12.

Heures de notre Dame du Mont Carmel, en Latin & en
François, *vol. in-*12.
——————— Les mêmes, Latin-François, *in-*18.

Nouveau Livre d'Eglife à l'ufage de Rome, pour la
commodité univerfelle des Laïcs, contenant les Offices & les Meffes de tous les Dimanches & de toutes
les Fêtes de l'année, &c. *in-*12.
——————— Le même en deux petits volumes *in-*24. *nouvelle édition.*
——————— Le même, *in-*12. Latin-François.

Heures nouvelles, d'une méthode extraordinaire par
l'ordre qui y eft obfervé, pour tous les Dimanches &
pour toutes les Fêtes de l'année, à l'ufage de Rome &
à celui de Paris, utiles à toutes fortes de perfonnes,
contenant les Matines, Laudes & petites Heures, les
Meffes de tous les Dimanches, &c. divifées en quatre
volumes, *in-*18.
Heures Nouvelles, dédiées à la Reine, contenant des
Priéres & des Inftructions fur toutes les actions de
la journée, & fur les Sacremens ; des Méditations
fur les Dimanches & les Fêtes de l'année, & pour
chaque jour du mois ; l'Abbregé des devoirs des
Chrétiens, dans chaque état ; avec l'Office de l'Eglife felon l'ufage de Rome, *un vol. in-*12,
——————— Les mêmes, à l'ufage de Rome, & fuivant le
nouveau Bréviaire & le Miffel de Paris, *fous Preffe.*

Livre imprimé à l'ufage de Meffeigneurs les Commandeurs de l'Ordre du S. Efprit, *in-*32.

LIVRES IMPRIME'S

par ordre de feu Monseigneur le CARDINAL
DE NOAILLES, *Archevêque de Paris.*

HEures imprimées par ordre de feu Monseigneur
le Cardinal de Noailles, à l'usage de son Diocése, *in-8.*

———— Les mêmes, *in-8. gros caractére.*

———— Les mêmes, *in-12. grand papier*, avec
l'Usage de Rome.

———— Les mêmes, *in-12. petit papier.*

Les mêmes Heures de Noailles, avec l'Office suivant
le nouveau Bréviaire de Paris, *in-12.*

———— Les mêmes, *in-12. petit papier.*

———— Les mêmes, *in-12. in-18. grand & petit papier, & in-32. tant en gros que petits caractéres.*

Conduite pour la Confession & la Communion, *in-18.*

ANCIENS USAGES DE PARIS.

Missel Latin-François, *in-12. 4. vol.*

———— Le même, *in-12. 4. vol.* Leonard.

Office Divin, Latin-François. *in-12.* l'après-midi.

Priéres & Instructions tirées des Heures de Noailles,
in-12. grand papier.

Breviarium Parisiense, *in-8. 2. vol.*

Diurnale Parisiense, *in-18. 2. vol.*

Missale Parisiense, *in-18. 2. vol.*

Eucologe, *in-12. 2. vol. & en un volume.*

———— Le même, *in-18. 2. vol.*

LIVRES

à l'usage des Dames de la VISITATION.

L'Office de la Vierge Marie, suivant la réformation
du S. Concile de Trente, disposé à l'usage de la
Visitation Sainte-Marie, *rouge & noir, in-8.*

———— Le même, *in-8. tout noir.*

———— Le même, Latin-François, *in-12.*

———— Le même, Latin-François, *in-18.*

———— Le même, Latin. *in-32.*

Vive-Jesus, Régle de S. Augustin, Constitutions &
Directoires pour les Sœurs Religieuses de la Visitation, *in-24.*

LIVRES IMPRIMÉ'S

Par ordre de Monseigneur L'ARCHEVESQUE
DE PARIS, *à l'usage de son Diocése.*

LIVRES DE CHOEUR.

BReviarium Parisiense, *in-4. 4. vol.*
———— Idem, *in-8. 4. vol.*
———— Idem, *in-12. 4. vol.*
Diurnale Parisiense, *in-18. 2. vol.*
Antiphonarium Parisiense, *in-fol. 3. vol.*
———— Idem, *in-fol.* 1. vol. *pour les Eglises de la*
Campagne.
Psalterium Parisiense, *in-fol.* 1. vol.
Graduale Parisiense, *in-fol. 4. vol.*
———— Idem, *in-fol.* 1. vol. *pour les Eglises de la*
Campagne.
Missale Parisiense, *in-fol. rouge & noir.*
———— Idem, *in-fol. tout noir.*
———— Idem, *in-12. 4. vol.*
Processionale Parisiense, *in-8. noté.*
Le Processional abbregé de Paris pour les jours de saint
  Marc, des Rogations, & du S. Sacrement, *in-8. noté.*
Processions pour les jours de saint Marc, des Roga-
  tions & du S. Sacrement, Latin-François, *in-12.*
Officium Defunctorum, cum ordine Exequiarium,
  in-8. noté.
Lamentationes Jeremiæ, *in-8. noté.*
Cæremoniale Parisiense, *in-8.*

Breve Parisiense, *in-12.*
Bref de Paris, *in 12.*

LIVRES D'USAGES.

Pseautier distribué pour tous les jours de la semaine,
  petit *in-12.* Latin, *gros caractére.*
———— Le même, Latin-François, *in-12.*
———— Le même, *in-18.* Latin-Franç. *gros caractére.*
———— Le même, *in-18.* Latin-Franç. *petit caractére.*
Pseautier Latin-François, contenant l'Office de tous
  les Dimanches & Fêtes de l'année, avec les Matines
  & Laudes des principales Solemnités, *in-12. 2. vol.*
———— Le même, *in-24.* tout Latin.

Pseautier distribué pour tous les jours de la semaine, en François, *in*-12.

Pseautier Latin, contenant les Hymnes des Dimanches & Fêtes, *à l'usage des Ecoles*, *in*-18.

Antiphonaire Parisien noté, à l'usage des Laïcs & autres personnes, *in*-12. 6. *vol.*

Graduel Parisien noté, à l'usage des Laïcs, &c. *in*-12. 2. *volumes.*

Missel Parisien en Latin & en François, avec Prime, Tierce, Sexte de tous les jours, *in*-12. 8. *vol.*

Livre d'Eglise, Latin-François, contenant None, Vêpres, Complies, pour tous les jours de l'année, 2. *vol. in*-12.

Les Matines, Laudes & Prime, pour toutes les Fêtes Annuelles, Grands & Petits - Solemnels, *in* - 12. Latin-François.

Matines & Laudes de tous les jours, Latin-François, 8. *vol. in*-12.

Office de la Quinzaine de Pâque à l'usage de Rome & de Paris, Latin-François, *in*-8.

———— Le même, *in*-12. Latin-François.

———— Le même, *in*-24. Latin.

Livre d'Eglise, Latin - François, contenant l'Office de l'Après-midi, pour les Dimanches & Fêtes de l'année, *in*-12. *grand & petit papier.*

———— Le même, tout Latin, *in*-18. *de gros caractére.*

Livre d'Eglise pour l'Office du Matin, *in*-12. 2. *vol.* Latin-François, *gros caractére.*

———— Le même, *in*-12. Latin-Franç. *petit papier.*

———— Le même, *in*-24. Latin.

Eucologe, *in*-12. Latin, 2. *vol.*

———— Le même, *in*-12. Latin-François, 1. *vol.*

———— Le même, *in*-18.

———— Le même, *in* - 24. à l'usage de ceux qui assistent à leurs Paroisses.

L'Office de l'Eglise, *in*-8. 7. *vol.* noté. *Les volumes se vendent séparément.*

Heures Latines & Françoises, contenant des Priéres, Exercices & Offices pour les Dimanches & les Fêtes de l'année, *in*-8.

———— Les mêmes, *in*-12. *grand papier.*

———— Les mêmes, *in*-12. *petit papier.*

———— Les mêmes, *in*-18.

———— Les mêmes, en Latin. *in*-32.

L'Office de la Fête & de l'Octave du faint Sacrement;
Latin-François, felon les nouveaux Miffel & Bréviaire de Paris, *in-12.*
Heures des Paroiffiens, contenant les Meffes des principales Fêtes, Vêpres & Hymnes des Dimanches &
des Fêtes de l'année; l'Office du faint Sacrement,
Latin-François, felon les nouveaux Miffel & Bréviaire
de Paris, avec l'ufage de Rome, enrichies de plufieurs Planches, *in-24.* très-commodes à porter.
———— Idem *in-24.* Latin, *gros caractere.*

*On trouve chez le même Libraire les Bréviaires, Diur-
naux, Antiphonaires, Pfeautiers, Miffels pour les Diocéfes d'Evreux, de Blois, de Seès, de Coutances, &
d'Agen, ainfi que les Livres d'Ufages, propres aux
Laïcs de ces mêmes Diocéfes, reliés de toutes les façons.*

De M. BINET, *Prêtre.*

La Chronologie & la Topographie du nouveau Bréviaire de Paris, ouvrage divifé en deux Parties,
& utile à toutes les perfonnes qui récitent ce Bréviaire. On y a ajoûté un Supplément à la Topographie pour les Diocéfes de Blois, Evreux, Seès, &
Coutances, *in-12.*

De M. LE BEUF, *Chanoine d'Auxerre,*
de l'Académie des Sciences & Belles-Lettres.

Traité hiftorique & pratique fur le Chant Eccléfiaftique,
avec la méthode pour apprendre à chanter, *in-8.*

Par M. LE FEVRE, *Prêtre, Bachelier en Théologie.*

Calendrier Hiftorique & Chronologique de l'Eglife de
Paris, contenant l'origine des Paroiffes, Abbayes,
Monaftéres, Prieurés, Collégiales, &c. de Paris.
La mort des Evêques, Archevêques, & des Hommes illuftres du Diocéfe. Les événemens dignes de
remarques : les Conciles tenus à Paris ; les Heréfies
qui y ont été condamnées ; la Prélature Parifienne.
Le tout fous le titre des Patrons de chaque Eglife,
fuivant le jour de leur Fête, & rectifié fur les Titres
originaux, & fur plufieurs Manufcrits authentiques ;
avec une table Alphabetique pour une plus grande
commodité, 1. *vol. in-12.* 1747.

LIBRI RITUALES ROMANI.

Psalterium Romanum , *in-fol.*
Antiphonarium Romanum , *in-fol. in-8.*
Graduale Romanum , *in-fol. in-8.*
Missale Romanum , *in - fol.* Parisiis. *in-4. Lugduni.*
Missæ Pontificales , *in-fol.*
Missale pro Defunctis , *in-4.*
Processionale Romanum , *in-8. in-12.*
Rituale Romanum , *in-8.*
Martyrologium Romanum , *in-8.*
Breviarium Romanum , *in-4. 4. vol.*
Breviarium Romanum , *in - 8. 2.* vol. *Rubr. Lat.*
    Antuerpiæ.
Breviarium Romanum, *in-8. 2.* vol. *Rubr. Franc.* Parif.
——— Idem , *in-8. 4. vol.*
Diurnale Romanum , *in-8. in-18. in-32.*

USAGES.

PRiéres Chrétiennes recueillies par ordre de feu M. de Harlay , Archevêque de Paris , avec des Inftructions , &c. *in-8.*

HEURES *in-8.*

Heures dédiées aux Dames de S. Cyr , en Latin, *gr. pap.*
——— Les mêmes, *petit papier.*
——— Les mêmes, en Latin & en François.
Exercice de la piété chrétienne , &c. en François.

HEURES *in-12.*

Heures Latines & Françoises, *de Saint-Augustin romain* , dédiées aux Dames de S. Cyr.
——— Les mêmes, *de Cicero & de petit Romain.*
——— Les mêmes, *de Saint Augustin & Cicero* , *petit papier.*
Heures Latines , *de Cicero romain* , dédiées à Madame la Dauphine.
——— Les mêmes , toutes Françoises.
Heures Latines, *de gros Romain,* dédiées à Mademoiselle de Chartres.
——— Les mêmes , toutes Françoises.
Heures Royales , Latines, *de gros Parangon.*
——— Les mêmes, toutes Françoises.

Heures Royales, Latines & Françoises, *de petit Romain & de petit Texte*, dédiées à Madame, avec les Méditations fur les Fêtes folemnelles, & les Penfées Chrétiennes pour tous les jours du mois, *en grand papier, très-amples.*

———— Les mêmes, en grand papier, *plates.*

———— Les mêmes, en petit papier, *amples.*

Heures Latines & Françoifes, *de Cicero & de petit Romain*, dédiées à Madame la Princeffe, avec les Méditations & les Penfées Chrétiennes, &c. *grand papier.*

———— Les mêmes, *petit papier.*

Heures Latines, *de Cicero*, dédiées aux Dames de faint Cyr, avec l'Office de la Vierge fans renvoi, grand papier, *amples.*

———— Les mêmes, grand papier, *petit caractére.*

———— Les mêmes, petit papier, *amples.*

Heures Françoifes, *de Cicero*, dédiées à Madame la Dauphine, *grand papier.*

———— Les mêmes, *petit papier.*

Heures Latines, *de gros Romain*, dédiées au Roi, *grand papier.*

———— Les mêmes, *petit papier.*

———— Les mêmes, *grand papier*, Françoifes.

———— Les mêmes, *petit papier.*

Heures Latines, *de gros Parangon*, dédiées à Madame la Princeffe, *grand papier.*

———— Les mêmes Françoifes, *grand papier.*

Heures Latines & Françoifes, *de petit Romain & de petit Texte*, dédiées à Monfeigneur le Duc de Bourgogne, *grand papier.*

Heures Latines, *de petit Texte*, dédiées au Roi, *gr. pap.*

———— Les mêmes dédiées aux Dames de S. Cyr, *plates.*

Heures Latines, *de Cicero*, dédiées au Roi, avec l'Office de la Vierge fans renvoi, *grand papier.*

———— Les mêmes, Françoifes.

Heures Royales, Latines, *de gros Romain*, grand papier, *amples.*

Heures à trois Offices, *de petit Texte*, grand papier, *très-amples.*

Heures Latines, au Dauphin, *de Cicero*.
——— Les mêmes, Françoises, *de petit Texte*.
Heures *in* 32. petit papier, *plates*, en Latin.
——— Les mêmes, en François.
——— Les mêmes, en Italien.
Heures à la Cavaliére, *in*-48.
Heures aux Princes, *in*-64.
Heures de Cour, *in*-128.
Le Petit Livre du Chrétien, dans la pratique du service
  de Dieu & de l'Eglise, *in*-32.
Le Chemin du Ciel, par lequel les Ames sont élevées
  à Dieu, & conduites à l'éternité bienheureuse ; en-
  semble la Clef des Consciences, Latin-Franç. *in*-18.
——— Le même, Latin, *in*-24.

On trouve aussi chez le même Libraire plusieurs sortes
de Livres d'OFFICES, & d'HEURES à l'usage de
Rome, tant Latin, que Latin-François, & tout
François, de toutes grandeurs, reliés différemment,
en Mouton, Veau, Maroquin, & Chagrin, suivant
les maniéres le plus en usage.

LIVRES A L'USAGE DES ECOLES.

Histoire abbregée de l'ancien Testament avec la Vie
  abbregée de notre Seigneur Jesus-Christ, *in*-8.
Régles Chrétiennes pour faire saintement toutes ses
  actions, dressées en faveur des Enfans qui se font
  instruire dans les Ecoles Chrétiennes, *in*-8.
Pseautier, *in*-18. Latin, *mince*.
Pseautier, *in*-18. François.
Alphabet Latin, *in*-18. *ample*.
Le petit Alphabet, *in*-18. Latin.
Alphabet François, *in*-18. *ample*.
Alphabet François, *in*-18. *mince*.
Abbregé de la Doctrine Chrétienne, *in*-18.
Le Catéchisme de Paris, *in*-18.
Le Catéchisme des Fêtes, *in*-16.
Le Catéchisme de Fleury, *in*-16.
Le petit Exercice, *in*-18.
La Civilité puétile & honnête, *in*-8.
Les Instructions familiéres, qui contiennent les Maxi-
  mes, &c. *in*-12.
A l'usage des Catéchismes, *in*-18.